LA FRANCE

A

FROHSDORF

HENRI V

SA VIE, SA MORT, SON APOTHÉOSE

AVEC SON PORTRAIT

PARIS

IMPRIMERIE F. LEVÉ

17, RUE CASSETTE, 17

1883

LA FRANCE

A

FROHSDORF

HENRI V

SA VIE, SA MORT, SON APOTHÉOSE

AVEC SON PORTRAIT

PARIS
IMPRIMERIE F. LEVÉ
17, RUE CASSETTE, 17.

1883

LA FRANCE

FROHSDORF

LA MORT DU ROI ET SON APOTHÉOSE

La mort vient de coucher dans la tombe le plus digne des fils de saint Louis... l'enfant du miracle (1) le premier des Français (2). Cette moissonneuse impitoyable a fauché la fleur royale, dont le lys pur était l'emblème! Elle a brisé le plus beau diamant auquel aspirait la France chrétienne! elle a laissé tomber du ciel de notre pays ce soleil de l'avenir dont l'éclat souverain devait en illuminer les sombres horizons! Oui, l'illustre comte de Chambord, le prince dont nous étions si fiers, Henri V en un mot a payé son tribut à la mort le 24 août 1883, à 8 heures 30 du matin...

Ah! c'est bien ici le cas de s'écrier avec un grand orateur : « Seigneur, quels coups terribles votre main sait frapper! « En un clin d'œil vous arrachez de la tête des rois, les « diadèmes et les couronnes, et vous enlevez de nos cœurs « nos plus chères espérances et nos plus douces illusions ! »

Mais, en dépit de la nuit du sépulcre, la grande figure de notre Roi rayonnera longtemps sur le monde; ne laisse-

---

(1) Langage du peuple.
(2) Paroles de Berryer.

t-elle pas après elle d'immenses traînées de lumière et de gloire ? Ses grands principes de foi, d'abnégation, de patriotisme, de dévouement, de religion ne resplendissent-ils pas, à nos regards, comme des astres éclatants ? On disait de Louis XIV, c'est le Roi soleil ; on eût |pu dire encore de celui que la France n'était pas digne de voir régner sur elle, c'est le Roi modèle.

Esquissons rapidement quelques-uns des traits les plus saillants de cette belle existence, pour mieux comprendre et mieux pleurer ce que nous avons perdu.

Au poignard régicide du sectaire Louvel, une goutte du sang royal avait échappé. Tandis que l'infâme meurtrier se réjouissait de savoir le duc de Berry agonisant dans une des salles de l'Opéra, la France plaçait avec bonheur ses plus chères espérances... dans la grossesse de Mme la duchesse de Berry son auguste épouse. Ainsi vint au monde aux Tuileries Henri, Charles, Marie, Ferdinand, Dieudonné surnommé plus tard le comte de Chambord et le duc de Bordeaux. (29 septembre 1820.)

Son berceau est salué partout, avec des cris d'enthousiasme. Le *bon peuple de Paris*, pendant plusieurs jours, entoure les abords des Tuileries de sa joie expansive : « Vive le Roi, s'écrie-t-elle, vive l'enfant du miracle ; nous « voulons le voir... » Et Louis XVIII montre au peuple son futur monarque !

Le peuple, quand on ne comprime pas ses instincts naturels, a des élans sublimes. Il aime à voir à sa tête, non pas des aventuriers et des despotes, non pas des révolutionnaires et des gens compromis, mais des chefs naturels, ses défenseurs et ses meilleurs amis !

La littérature, les sciences et les arts s'associèrent ensemble pour chanter, autour de ce petit berceau. Mais, la lyre dont les accents vibrèrent avec le plus d'enthousiasme fut celle du poète Victor Hugo. Toutes les bouches répètent encore, ce chef-d'œuvre incomparable du roi des poètes.

Le 21 mai 1821, les portes de Notre-Dame s'ouvrent à deux battants, et on porte le duc de Bordeaux, avec une solennité vraiment royale, sur les fonts sacrés du baptême.

A tout homme comme à tout peuple il faut nécessairement, un baptême... S'il n'est pas porté tout jeune sur les fonts sacrés de l'église, il sera porté un jour, dans l'enceinte diabolique des sociétés secrètes. Au chef de l'homme il faut, ou le signe de la Rédemption, ou le signe de la la bête! Malheur à la société qui ne veut point de cette piscine salutaire. Sur le cadavre galvanisé apparaissent bientôt, les caractères de la décomposition. La lèpre du matérialisme, la lèpre du rationalisme, la lèpre du sensualisme s'emparent de la vie sociale et en tarissent les sources les plus pures. On a beau s'intituler la première nation du monde, sans l'idée du baptême on descend, à pas de géant, tous les degrés d'une sauvagerie raffinée.

La première éducation de l'Enfant royal est confiée à une âme d'élite, à Mme la marquise de Gontaut. Cette femme admirable élève le jeune prince avec une exquise délicatesse, et surtout avec une religieuse affection. Aussi, à l'âge de quatre ans, sait-il déjà lire et comprendre le bien.

En cherchant à tuer la religion dans la femme, la révolution sait bien ce qu'elle fait. Elle espère arriver plus facilement, ainsi, à son œuvre maudite : la ruine morale de la France ! En effet, qu'est-ce que l'enfant déchristianisé? C'est le germe de l'avenir compromis... C'est toute une génération d'incrédules en perspective... C'est tout un petit monde de Voltairiens en herbe ; c'est en un mot, le règne de Dieu effacé de la terre... Mais, tant que la femme saura regarder du côté du ciel, l'œuvre maudite de la révolution sera brisée... La femme a le sacerdoce de la famille : elle doit la conduire à Dieu !...

Une des vertus distinctives du jeune prince était un amour ardent pour les pauvres. Voici, à ce sujet, une anecdote d'une touchante simplicité.

Le général Coutard, parti de bien bas, avait acquis son grade à force d'études et de valeur. Il disait un jour au Roi Charles X, qui l'aimait beaucoup : « Sire, vous ne sau- « riez le croire, depuis que la fortune me sourit, je me dé- « couvre tout un monde de parents pauvres ! »

Henri l'avait entendu.

Quand le général sort des Tuileries, Henri le tire par le pan de son habit. « Général, lui dit-il, vous avez des parents pauvres ; voici 20 fr., acceptez-les, je vous en prie. »

Le général le regarde en souriant ; une larme perle dans ses yeux : « Mon cher enfant, lui dit-il, merci de votre amabilité ; mais, je ne puis accepter une offre aussi gracieuse ! »

« Alors, je vous en supplie, reprend-le jeune prince, acceptez cette boîte de bombons pour les petits enfants de vos parents pauvres. »

Le général accepte la jolie bombonnière et baise, en se retirant, la main du merveilleux enfant.

Une autre fois, dans une de ses promenades journalières, il aperçoit de petits enfants en pleurs escortant un cercueil. Les planches disjointes du cercueil laissent apercevoir le cadavre...

Le jeune prince pousse un cri de suprême pitié. Aussitôt, il offre sa bourse aux malheureux orphelins : « Videz aussi la vôtre » dit-il aux gentilshommes ; et il remet aux orphelins le fruit de sa quête. Puis, il leur dit avec affec tion : « Retournez chez vous et arrangez ce cercueil. » Le

soir, il accompagne lui-même le cercueil à sa dernière de-
meure, en disant à Louis XVIII : « Oh, si j'étais Roi, je ne
« pourrais souffrir que les pauvres manquent d'une sépul-
« ture convenable. »

Voilà le Roi que la France n'a pas voulu mettre à sa tête !
Voilà le Roi qu'elle a refusé de faire sacrer ! Ah, combien
le paupérisme qui ronge les nations, eût perdu de terrain
si le royal enfant avait pu le combattre face à face, avec
toutes les saintes délicatesses d'une âme ardente et géné-
reuse ! Que de réformes nécessaires n'eût-il pas réalisé, de
dessus les marches d'un trône ! La pourpre et le manteau
royal, drapent toujours bien les épaules du prince qui ne
repousse pas les haillons sordides et les guenilles de la
misère...

Mais les heures lugubres de l'exil sonnent, bientôt,
pour l'enfant des rois. La révolution, comme une lave
ardente, brûle les pavés de Paris. Charles X croit apaiser
ses colères déchaînées, en présentant aux troupes réunies
le royal petit-fils. Mais, l'émeute triomphe, et l'auguste
famille quitte le pays conquis par ses aïeux : « le royaume
« le plus beau, après celui du ciel. »

Sur la terre d'exil de l'Ecosse, le Christ, ce divin banni
du monde, vint le visiter pour la première fois (2 fé-
vrier 1832). Qui pourra redire les joies ineffables de l'enfant royal, à la réception du Roi des Rois ? Il est de ces
actes sublimes sur lesquels il vaut mieux jeter un voile,
plutôt que d'y porter des yeux téméraires.

Aujourd'hui, les chefs des nations cherchent à détourner
du tabernacle le cœur des peuples. Mais, la blanche hosti e
en dépit des mécréants, gouvernera toujours le monde
Du ciboire d'or où elle repose, elle remue encore les
masses, elle inspire des dévouements sublimes; elle élec-

trise les intelligences affolées par le doute ; elle enseigne à l'humanité le chemin de l'avenir.

A la fin de ce jour appelé, par un des plus grands génies modernes : « le plus beau jour de la vie », Charles X apprit, au « jeune prince, toutes les circonstances du « meurtre de son père. Le jeune prince pleura et par- « donna. »

Fût-il jour plus solennel et mieux choisi, pour faire paraître aux yeux du fils du royal assassiné, la silhouette du fauve qui se vautra dans le sang du duc de Berry? Ah, si l'adorable adolescent avait pu avoir, seulement, l'ombre d'une haine, la vue du sang du Christ, assassiné par les hommes, était là pour lui crier bien haut « Pardonne, comme j'ai pardonné à mes meurtriers. »

Mais, sur la terre d'Ecosse, elle-même, la royale famille sent de terribles secousses. Aussi, pour éviter les suscepti- bilités mesquines de l'Angleterre, la famille royale va-t-elle planter sa tente sous le ciel plus hospitalier de l'Autriche. Charles X est emporté à Goritz, par un terrible fléau... le choléra. Alors, toute la sollicitude de l'auguste famille se concentre sur le jeune Henri de France. Le général Latour-Foissac, le duc de Levis, M. de La Villate, perfectionnent son éducation (1). L'étude élargit l'horizon de ses idées; les voyages lui font comparer les mœurs et les institutions des peuples : le cheval et l'escrime le brisent aux exercices violents du corps. Un jour il se jette, même tout habillé, dans la rivière du Moldeau, sous les murs de Pragues. Il lutte, il lutte contre les flots courroucés; arrivé à l'autre bord, il lance une parole qui peint, à ravir, toute la beauté

(1) Le duc de Damas, dont la fidélité est à toute épreuve, lui servit de précepteur.

de son âme : « Maintenant, dit-il, je pourrai sauver un homme ! »

Ah, si à travers l'océan des révolutions, il nous eût été donné de voir ce Prince à la tête du pays, combien d'hommes n'eût-il pas sauvés ! En France, institutions séculaires, traditions sacrées, culte de Dieu, de la patrie, de la famille... tout se meurt ! Des hommes sinistres, sortis de la fange, se glorifiant d'être les fils du néant, se plaisent à tuer tout ce qui dépasse leur taille de pygmées. Aussi, les prêtres de la Révolution ont-ils toujours fait l'impossible, pour l'éloigner du cœur de la patrie, dont il eût été la gloire, le lévier et le salut.

Nous voici arrivés à une époque malheureuse pour lui. En 1841, aux alentours de Kircherg, sa résidence d'été, il fait une course à cheval. Mais, à la vue d'une charrette, son cheval ombrageux se cabre. Le cavalier se tient rigoureusement en selle, et l'éperonne hardiment. L'animal furieux se dresse sur ses pieds de derrière et se renverse sur lui. Le prince en eut la jambe cassée. « Quel dommage, s'écriat-il, que ce ne soit pas sur un champ de bataille. » Dans ce noble langage, on pressent déjà l'étoffe d'un héros !

La France de saint-Louis et de Charlemagne était loin d'oublier le royal exilé. Aussi, dans un de ses voyages en Angleterre, plus de deux mille français vont-ils le saluer. L'éminent Berryer et l'illustre Châteaubriand sont à leur tête. A son tour, le prince ménage aux voyageurs une aimable surprise. Le lendemain, dans son vaste hôtel, M. de Châteaubriand, reçoit tous ses compatriotes. Tout à coup la porte s'ouvre, et un jeune homme paraît... c'est le roi !... On l'acclame avec enthousiasme... et le prince vivement ému s'écrie : « Je suis heureux de me trouver au milieu des Français, si je pense au trône de mes pères, ce n'est que pour servir mon pays avec les principes proclamés, si glorieusement, par M. de Châteaubriand. Vive, vive la France !

En 1845, le prince quitte Goritz pour Frohsdorf (1). En 1846, il embellit son exil, en épousant la fille aînée du duc de Modène. Jamais femme plus sainte, plus dévouée ne fut digne de partager la couche du royal exilé. Frosdhorf devint un pèlerinage patriotique et les hommages des Français de toutes nuances furent pour le couple béni, sinon pleins de dévouement, toujours remplis d'admiration. « On « ne peut l'approcher, disait un visiteur, sans se sentir « remuer dans le plus profond de son âme, sa parole est « correcte, nette et franche comme son cœur dont elle « n'est que l'écho. » Et un autre Charles Didot disait encore de lui : « Son œil, d'un bleu limpide et, à la fois vif et doux « écoute bien et interroge beaucoup. Il regarde si droit et « si fixe que je considère comme impossible de lui mentir « en face. Quant à lui, il suffit de le voir, pour demeurer « convaincu de sa véracité. » Un voyageur, plein d'origi- nalité, le dépeignait ainsi : « Monsieur le comte de Cham- « bord est le plus chevaleresque des esprits de son temps. « A cheval sur ses principes, il ne bronche jamais. Dans « toute l'acception du mot... c'est un homme. »

De son temps, Diogène promenait sa lanterne sur le monde... pour trouver un homme, dans notre siècle si infatué de ses gloires et de ses progrès des légions de Dio- gènes pourraient se livrer à ce travail minitieux, ils ne trou- veraient pas cet homme ! Un homme est celui qui n'a jamais menti à ses principes et à ses devoirs ! Un homme est celui dont le caractère fortement trempé, s'est bronzé contre les coups de l'infortune et du sort... Un homme, est celui dont

____

(1) Le château de Frohsdorf lui fut donné par un de ses plus fidèles, le duc de Damas.

l'existence a été pleine d'espérances et d'avenir, mais qui n'a jamais fait un pas pour les réaliser contre les profondes convictions de sa conscience... Pourtant si le regard des Français eût été perspicace, il se serait tourné, avec anxiété, vers le château de Frohsdorf, et là, il aurait contemplé cet homme introuvable dans le prince que nous pleurons tous avec des larmes de sang. A-t-il jamais forfait aux lois de l'honneur et de la conscience, ce digne héritier de Charlemagne, de Louis XIV, et de saint Louis ? Plutôt que de biaiser avec ses principes, n'a-t-il pas foulé aux pieds les plus beau sceptre et la plus belle couronne de l'univers ? Enfin, n'a-t-il pas préféré, par devoir les âpretés et la monotonie de l'exil... plutôt que d'entrer en triomphateur dans un pays où des millions de Français lui eussent tendus leurs bras ? Oui, il était bien le plus grand, le plus loyal, le plus énergique des hommes celui qui a pu dire sans emphase : « Mon étendard fleurdelysé s'est déployé sur mon berceau... je veux qu'il ombrage ma tombe ! »

Pendant la révolution de 1848, ce prince incomparable cherche à museler la bête du socialisme par des écrits vigoureux. Puis, il fait des apparitions à la frontière, laissant entrevoir aux fils de la France, sa loyale et noble figure. Il apparaît ainsi : tour à tour, à Ems, à Cologne, à Wiesbaden et chaque fois, il proteste hautement, de son dévouement et de son amour pour la France.

Sous l'empire on le voit sortir rarement de son rôle silencieux... Mais, en 1861, il élève énergiquement la voix, en faveur du pouvoir temporel du pape. Dans sa haute politique, il comprend que les remparts de ce petit royaume, abritent la liberté et l'indépendance du monarque de la religion... de celui qui est, la plus haute expression de Dieu sur la terre.

En 1870, dans la guerre désastreuse de l'Allemagne

contre la France, à la vue des blessures de sa Patrie, le cœur du royal exilé saigne vivement. Dans l'ardeur de son patriotisme, il lance aux peuples et aux rois une protestation sublime, cette protestation fut entendue du monde entier.

Quelque temps après, pour cette haute et puissante personnalité du zèle, s'ouvrent les portes de la Patrie. Qui pourra redire toutes les joies, les enthousiasmes du royal exilé !! Il respire enfin, à pleins poumons, l'air pur et embaumé de son pays !... Il foule ce sol gagné à force de bravoure par l'épée de ses aïeux ! Mais sa grande âme a des frémissements autrement profonds et saints. Elle savoure avec une large volupté, le dévouement, l'abnégation, le sacrifice, la fidélité de tant de milliers de cœurs qui battent pour lui... Hélas, l'heure de son thabor est de courte durée. Des points noirs se dessinent à l'horizon bleu de ses espérances... Il a peur de combinaisons plus ou moins loyales, qui peuvent ternir la pureté de son passé... Il a peur de certaines promesses plus ou moins politiques... qu'on veut obtenir de lui ! Le lion de Lucerne secoue sa crinière jette un regard douloureux et profond au-delà des frontières : et reprend fier et hautain la route de l'exil !

Mais, derrière les murailles de son château de Frohsdorf, le royal exilé ne dort pas ! Par la pensée, il promène un regard vigilant et anxieux sur la France adorée !... Quand l'un de ses braves tombe emporté d'une position sociale, par le souffle de la révolution, ou moissonné par le bras de la mort, le prince trouve pour le déshérité du pouvoir ou pour la famille en deuil... des consolations et des espérances suprêmes ! Chacun de ces accents est une voix bénie du ciel ! On en écoute pieusement l'écho en répétant : « Jamais « accents plus vrais et plus divins n'ont frappé l'oreille humaine ! »

Hélas, pourquoi faut-il que l'essor de cette voix si pater-
nelle et si royale soit arrêté désormais, par le souffle glacé
de la mort!!! L'exil du pieux monarque est fini!... De la
Patrie française où nous aurions voulu le voir régner, il
est parti pour la Patrie Céleste!... Dans ce royaume sans
révolutions, il attend désormais ses fidèles et ses braves!
Il prie pour les Français de tous les partis qui ont surtout
à cœur, le bien, la justice, la religion, la concorde et la
paix! Il implore le Dieu du pardon pour la France coupable..
pour cette France qu'il faudrait rebaptiser dans le sang
virginal de l'agneau!...

Mais avant d'entrer dans cette patrie des âmes, le royal
exilé a enduré bien des tortures... Il a enduré les tortures
de la faim et de la soif. Comme le Christ, son royal maître
le prince a dit: « J'ai soif, » et la science n'a pu apaiser sa
soif... « J'ai faim, » et nulle main amie n'a pu alimenter
cette nature autrefois si forte et si vigoureuse!

La résignation de sa foi chrétienne a brillé, surtout d'un
suprême éclat, au milieu de l'acrimonie de ses longues
souffrances! Il a prononcé un sublime *fiat* et le visage
calme et souriant il s'est endormi dans la paix du Seigneur.

Maintenant, recueillons-nous auprès de la tombe de
l'auguste victime. Admirons le prince sur sa couche fu-
nèbre, celui qui ne coûta à la France, ni une seule larme, ni
une seule goutte de sang! Contemplons en lui, le gardien,
le dépositaire et le sauveur de tous les grands principes de
la foi monarchique et chrétienne!

S'il n'eût été qu'un vulgaire ambitieux, il n'eût eu qu'à
dire un mot en 1848 ou en 1870; et des légions de défenseurs eussent accouru de tous les points de l'horizon,
autour de lui. Pour lui prêter main-forte, se seraient

pressées les légions bretonnes de Charette, les zouaves pontificaux, les mobilisés de l'armée du Mans, les innombrables volontaires du dévouement! Mais, ce mot électrique et séduisant... il n'a pas voulu le prononcer uniquement pour le bien de la France !

A l'heure qu'il est, conservateurs de toutes nuances, Français de tous les partis, donnons-nous tous la main autour de cette tombe! Saluons avec une respectueuse et filiale affection M. le comte de Paris, héritier légitime de la couronne, et toute la famille royale ! Répandons enfin avec nos pleurs, des prières pour le prince glorieux qui, du haut du ciel, veille sur la France. Puis, dans un suprême élan de patriotisme répétons avec énergie, ce cri de nos pères : « Le Roi est mort... Vive le Roi ! »

5508 — Paris. Imprimerie F. LEVÉ, rue Cassette, 17.